안경에 눈알을 그려 놓고, 눈을 감고 허리를 세우고 자기.
많은 연습과 훈련, 그리고 용기가 필요하다.

글·그림 이고은

한때는 교실 책상에서 몰래 만화를 그리고 쪽지를 쓰던 아이였어요. 어른이 되어서도 어떻게 하면 그림으로 사람들과 재미있게 이야기할 수 있을까 궁리하고 있습니다. 『나의 엉뚱한 머리카락 연구』를 쓰고 그렸고, 『열세 번째 아이』 『하룻밤』 『우리 동네 슈퍼맨』 『지렁이 일기 예보』 『그림 속에서 만난 화가들』 『빵집 의사의 인체 대탐험』 등에 그림을 그렸습니다.

★자신만만 생활책★
책상 잘 쓰는 법

2019년 1월 30일 1판 1쇄
2021년 1월 31일 1판 4쇄

ⓒ이고은, 곰곰 2019

글·그림 : 이고은 | 기획·편집 : 곰곰_전미경, 안지혜 | 디자인 : 권석연 | 편집관리 : 그림책팀
제작 : 박흥기 | 마케팅 : 이병규, 이민정, 최다은 | 홍보 : 조민희, 강효원 | 인쇄 : (주)로얄프로세스 | 제책 : 책다움
펴낸이 : 강맑실 | 펴낸곳 : (주)사계절출판사 | 등록 : 제406-2003-034호
주소 : (우)10881 경기도 파주시 회동길 252
전화 : 031)955-8588, 8558 | 전송 : 마케팅부 031)955-8595 편집부 031)955-8596
홈페이지 : www.sakyejul.net | 전자우편 : picturebook@sakyejul.com
페이스북 : facebook.com/sakyejulpicture | 트위터 : twitter.com/sakyejul
블로그 : skjmail.blog.me | 인스타그램 : sakyejul_picturebook

값은 뒤표지에 적혀 있습니다. 잘못 만든 책은 구입하신 서점에서 바꾸어 드립니다.
사계절출판사는 성장의 의미를 생각합니다. 사계절출판사는 독자 여러분의 의견에 늘 귀 기울이고 있습니다.

ISBN 979-11-6094-430-3 74370 ISBN 978-89-5828-445-1 74370(세트)

자신만만 생활책

선생님한테는 다 보인다.

책상
잘 쓰는 법

이고은 글 ★ 그림

사계절

책상 6

책상 사용법 8

도서관 책상 사용법 10

책상에서 책 읽는 방법 12

책상에서 노는 방법 14

책 16

책 읽는 방법 18

나의 책장 정리법 20

어린이 책장 정리법 21

연필 24

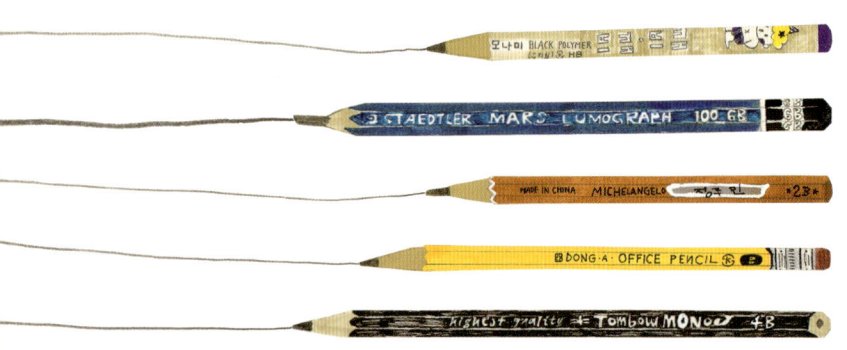

연필 사용법 26

연필 깎는 방법 27

나의 필통 28

지우개 30

지우개 사용법 31

지우개 가루 정리법 33

공책 34

공책의 종류 35

공책 쓰는 법 36

종이 38

A4 종이로 할 수 있는 것들 40

문구 42

나의 작업 도구 정리법 44

어린이 문구 정리법 45

문구 사용 주의 사항 46

문구와의 만남과 헤어짐 47

우리는 책상 앞에서 많은 시간을 보내요.
지금도 이 책을 읽느라 책상 앞에서 고개를 숙이고 있는 건 아닌가요?
잠깐 책에서 눈을 떼어 보세요.
어떤 방, 어떤 의자, 어떤 책상에서 책을 읽고 있나요?
책상 위에는 또 무엇이 있나요?

어릴 때부터 쓰던 것, 날마다 쓰는 것, 오랫동안 쓰지 않은 것,
좋아하는 것, 볼수록 싫은 것, 처음 보는 듯한 것,
내 것, 남이 준 것, 빌린 것, 낡은 것, 새것, 오래됐지만 짱짱한 것,
읽은 것, 읽을 것, 절대 안 읽을 것 같은 것.
수많은 물건들이 책상과 서랍과 책장에 있어요.
모두들 어떻게 사용하고 있나요?

책상

안녕하세요! 나는 어린이책에 그림 그리는 일을 합니다. 햇빛에 빛나는 창밖 나무를 보면서 그리는 것을 좋아해요. 가끔 옆방 친구가 놀러 오면 책상에서 함께 차를 마십니다. 책상을 방 한가운데에 두고, 작업 도구와 종이들은 필요할 때 바로 쓸 수 있도록 주변 곳곳에 두었어요.

마감 때는 책상의 위치가 바뀝니다.

햇빛이고 나무고 친구고 신경 쓸 틈이 없이
바쁘거든요. 책상을 벽에 붙이고 집중해서 일합니다.
여러분의 책상은 왜 그곳에 두었나요?

책상 사용법

사람들은 책상을 어떻게 사용할까요?

아빠는 책상 주변 곳곳에 좋은 글귀나 중국어 낱말들이 쓰인 쪽지를 붙여 둡니다. 책상 한쪽에는 신문에서 자른 자료들이 쌓여 있어요. 막상 책상에는 책을 제대로 펼 자리가 없어요.

엄마는 식탁을 책상으로 씁니다. 우리 집에서 제일 큰 책상이에요. 컴퓨터로 강의를 듣기도 합니다.

오빠는 거실 한가운데에 있는 낮은 책상에 발을 올리고 텔레비전을 봅니다.

아기 전용 책상은 의자와 붙어 있습니다. 아기가 떨어지지 않도록 의자에는 끈이 있어요. 아기는 책상에서 과자 던지기를 좋아합니다.

예서는 책상에 비스듬히 앉아서 종이와 가위로 뭘 만들어요. 똑바로 앉으라고 꾸중을 들어도 어느새 저렇게 앉아 있어요.

준이는 책상 위에 올라가거나 책상 아래 들어가서 노는 것을 좋아합니다.

현빈이 책상 위에는 상장, 장난감, 시계, 독서대가 가지런히 놓여 있어요.

돌아다니다 보면 또 많은 책상들을 만나요. 식당, 카페, 빵집, 학교, 도서관에서요.
내가 가장 좋아하는 책상은 기차 의자에 붙어 있는 작은 책상이에요.
거기서 책을 읽으면 집중이 아주 잘됩니다.

도서관 책상 사용법

도서관에는 아주 큰 책상이 있어요. 누구나 사용할 수 있지요.
함께 쓰기 때문에 남을 배려해야 해요.

다 본 책은 제자리에 두기
읽은 책은 다 읽은 책을
두는 곳에 놓아 주세요.

책은 소중하게
책을 깨끗이 보는 게 좋아요. 나보다 나중에
읽는 사람도 깨끗한 책을 보고 싶거든요.
책을 눌러 펴거나 낙서를 하지 맙시다!

자세는 바르게
고개를 앞으로 숙이거나 엉덩이를
의자에 걸치는 자세로는 책을 잘
읽기 어려워요. 허리를 펴고 의자에
깊숙하게 앉아서 읽읍시다.

**걸음은 사뿐사뿐,
이야기는 소곤소곤**
다른 친구들이 책을 읽고
있어요. 발소리나 목소리로
방해하면 안 돼요.

함께 쓰는 책상
옆 사람에게 방해가
되지 않도록 자기
앞에만 책을 놓기.

이 책 재미있는데,
집에 갈 시간이네.
빌려 가야지.

검색 컴퓨터 이용법

검색 화면에 찾고 싶은 책의 제목이나 지은이 이름을 입력해요. 검색된 자료 목록 중 찾는 책의 제목을 클릭합니다. 상세 정보를 확인하고, 대출 상태를 확인합니다. '대출 가능'이라고 표시되어 있으면, 청구 기호를 확인하고, 서가로 가서 책을 찾으면 돼요.

책 고르는 방법

부모님, 선생님이 고른 책 말고 스스로 골라 봅시다. 내가 고른 책이 더 읽고 싶잖아요.

① 우주에 관한 다큐멘터리를 보았다면 우주에 관한 책들을 모아 둔 책장에 가서 골라 봅니다.
② 제주도 여행을 앞두고 있다면 제주도에 관한 책을 고릅니다.
③ 지난번에 읽은 책이 너무 좋았다면 같은 작가의 다른 책을 골라 봐요.
④ 그냥 책장 사이를 돌아다녀요. 나에게 신호를 보내는 책을 고릅니다.

책 빌리는 방법

도서관 회원증을 발급받으면 누구나 책을 빌릴 수 있어요. 한 번에 빌릴 수 있는 권수가 정해져 있는데, 도시마다 달라요. 우리 동네는 다섯 권을 빌릴 수 있고, 대출 기간은 2주(14일)예요.

책상에서 책 읽는 방법

책상이 '책'상인 만큼 책상에서는 책을 읽기가 제일 좋아요!

책상에 발 올리고 읽기
재미있는 책 읽을 때 더 재미있어요.

의자가 뒤로 젖혀져서 자빠질 수 있어요.

엎드려 읽기
책 속으로 빨려들어 가는 기분이 듭니다.

잠이 들 수 있어요. 책에 침이 묻을 수 있어요. 눈이 나빠질 수 있어요.

과자 먹으면서 읽기
몸과 마음의 양식을 동시에 채울 수 있어요.

빌린 책에 과자 가루가 묻어 있으면 실례입니다.

책상 위에 올라가서 읽기
획기적인 내용의 책을 읽을 때 어울려요.

집중했을 때 떨어지지 않도록 주의해야 합니다.

책상 밑에 들어가서 읽기
무서운 내용, 비밀스러운 내용의 책을 읽을 때 어울려요.

몸에 먼지가 붙을 수 있어요. 엄마가 못 찾을 수도 있어요.

의자에 바르게 앉아서 책상 위에 책을 두고 읽기
허리, 몸, 목이 아프지 않고, 책을 오래 읽을 수 있어요.

너무 오래 한 자세로 있으면 좋지 않아요. 가끔 일어나서 기지개를 켜세요.

책상을 다른 장소에 가져다 두고 읽기

날씨 좋은 날 마당, 운동장, 바닷가로 책상을 가져다 두고 책을 읽으면 새로운 마음으로 책이 읽힙니다.

책상에서 노는 방법

책상에서 꼭 책만 읽으라는 법은 없지요. 책상에 앉았는데 책 펴기가 딱 싫을 때가 있어요.
그럴 때 필통, 연필꽂이, 서랍 속 물건들을 다 꺼내 봐요.

**책상 위에 물건들을
이렇게 저렇게
늘어놓아 봅니다.**

크기 순서대로 늘어놓거나
같은 색깔끼리 놓아도 좋고,
내가 좋아하는 순서대로 놓아도
좋아요. 놀다가 서랍을 정리하거나
필통을 정리해도 재미있어요.

책상 위의 물건들로 무언가를
상상해서 만들어 보아요.

사슴을 만들어 봤어요. 제법 멋진 작품이
됐으니 사진을 찍어서 남겨 둡니다.

베고 자기, 잠자는 데 이용하기

책 쌓아서 건물, 계단 만들기
⚠ 자빠질 수가 있다.

책상과 가장 친한 것은 바로 책이에요!
우리는 날마다 수많은 책들을 만나요.
책상에서, 책장에서, 가방에서,
서랍에서, 학교에서, 도서관에서,
서점에서, 또 화장실에서도요.

책은 누가 만들까요?
책 표지 안쪽을 펼쳐 보세요.
작가, 화가, 편집자, 디자이너와 출판사,
인쇄소에서 일하는 여러 사람들이
함께 만들어요.

책은 무엇일까요?
글씨와 그림이 새겨진 종이를 묶은 것일까요?
한자로는 冊
영어로는 BOOK 이라고 하지요.
참, 요즘은 종이가 아닌 책도 있어요. ebook
책은 좋은 것? 열심히 읽어야 하는 것?
아니면 지겨운 것? 읽으면 졸린 것?
시간 가는 줄 모르게 재미있는 것?

책 펼쳐서 성벽 만들기

힘줄 때, 아주 집중할 때

책 읽는 방법

소리 내서 읽기
재미있는 책 읽을 때 더 재미있어요.
글쓴이의 감정, 생각을 느끼고 표현해 볼 수 있어요.

줄 치면서 읽기
나중에 필요한 부분을 쉽게 찾을 수 있어요.
빌린 책에는 하면 안 돼요.

적으면서 읽기
독서 공책에 마음에 드는 부분, 싫은 부분들을 적어요.
책을 통해 나의 생각과 세상이 넓어집니다.

집중해서 읽기
아무리 시끄러운 곳에서도 재미있는 책이라면
책 세상 속으로 빠져들 수 있어요.

상상하며 읽기
내가 토끼로, 앨리스로, 비행사로 변신할 수 있어요.
다른 사람의 마음을 이해하는 사람이 됩니다.

그리면서 읽기
글을 그림으로 옮겨 보면 나만의 그림을 그릴 수 있어요.
책의 내용을 더 잘 이해할 수 있어요.

돌아가며 소리 내어 읽기
다른 사람의 목소리로 책을 들으면
기분이 좋아요. 다 읽고 서로 이야기해 보면
나만의 책이 아니라 함께하는 책이 되어
마음과 생각이 풍성해져요.

다 같이 한목소리로 읽기
여러 사람이 같은 마음이 되는
감동을 느낄 수 있어요.

동생에게 읽어 주기
연기력을 키울 수 있어요.
동생이 존경하게 되지요.

사전 찾는 법

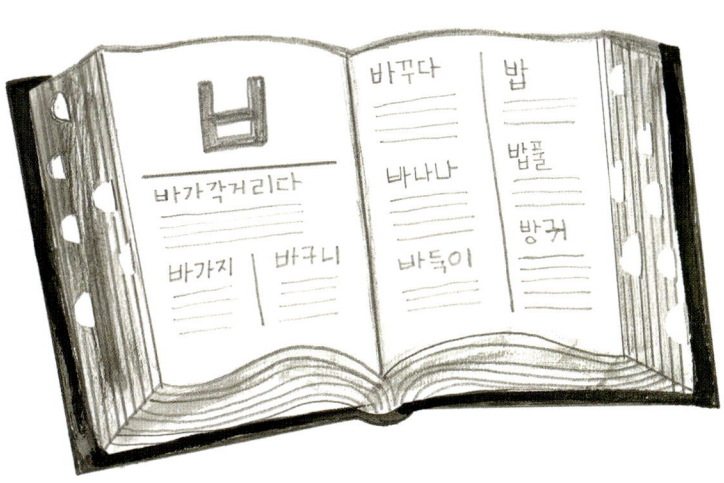

책을 읽다가 모르는 낱말, 헷갈리는
단어가 나올 때는 사전을 찾아봅니다.
정확한 뜻을 알 수 있어요. 사전에 실린
낱말을 표제어라고 불러요. 표제어는
가나다 순서로 실려 있어요. 어려워
보이지만 몇 번 해 보면 금방
익숙해져요. 속담, 비슷한말, 반대말,
외국어, 예문도 찾을 수 있어요.

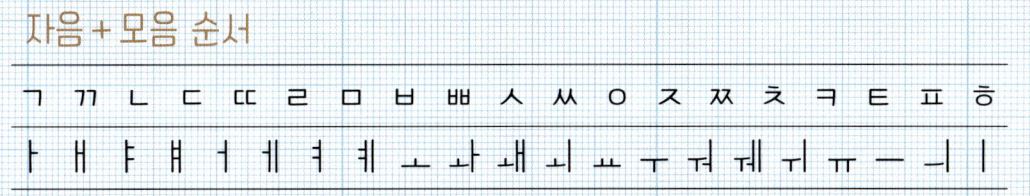

나의 책장 정리법

작업실의 내 책장은 이렇게 정리되어 있어요.
차분하게 꽂혀 있는 책들을 보면 마음이 꽉 차고 뿌듯해요.

- 제일 아끼는, 그림 그리는 것에 대한 책들
- 얇은 독립 잡지들, 미술관 팸플릿들
- 여러 가지 잡지들
- 내가 그림을 그렸던 책들
- 무거운 화집들

- 소설, 읽을 책들
- 한국화, 서울, 역사에 대한 책들
- 그림 그리는 기술에 대한 책들
- 자료를 모아 둔 파일함
- 자주 안 쓰는 미술 도구들 (조각칼, 테이프, 파스텔 등)

어린이 책장 정리법

여러분의 책장은 어떻게 정리되어 있나요? 엄마가 해 준 대로 되어 있나요?
언제부터 그렇게 되어 있었나요? 이제부터 나만의 방식으로 책장을 정리해 봐요.

이번 주의 책
가장 잘 보이는 데는 이번 주에 가장 재미있게 읽은 책을 꽂아요.

자주 보는 책들
손 닿기 가장 좋은 자리에는 자주 보는 책들을 꽂아요.

인형이나 장식품을 두면 책들과 책들을 나눌 수 있어요.

가지고 있는 책들을 분류해서 꽂아 둬요.

분류법
1. 내용별
2. 크기별
3. 색깔별

빈자리를 남겨 둡시다.

지금 읽지 않지만 어릴 때 좋아했던 책들, 다시 읽고 싶은 책들

앨범, 사전 등 무거운 책들은 아래쪽에 두면 좋아요.

읽지 않는 책들을 가끔씩 정리해서 책장에 빈자리를 만들어요. 마을 도서관에 기증하거나 친구한테 선물해요.

여기는 문구점이에요. 어릴 때부터 문구점에만 오면 마음이 설레었어요. 새로 나온 펜은 색깔대로 다 갖고 싶고, 예쁜 지우개들은 다 만져 보고 싶어요. 흰색 공책도, 미색 공책도, 세로 수첩도, 가로 수첩도 다 써 보고 싶어요. 설레는 마음을 꾹꾹 누르고, 혹시 집에 이미 있는지 확인해 보고 사야겠어요. 서랍에 빈자리가 있는지 확인해 보고 살래요. 그래도 정말 두근거리는 이 노란색 지우개는 사도 되겠죠? 이 사랑스러운 문구들을 어떻게 사용할까요?

연필

내 연필꽂이에는 여러 종류의 연필들이 있어요.
길이가 짧은 것, 긴 것, 몽당연필, 심이 뾰족한 것, 뭉툭한 것, 부러진 것들이 있어요. 몸통 모양은 육각형이 제일 많고, 삼각형과 동그란 것도 있어요.
매일 쓰는 것도 있고 가끔 쓰는 것도 있지요.
여러분 연필꽂이에는 어떤 연필들이 있나요?

서걱한 느낌이 좋아요.

제일 딱딱하고 연해요. 뾰족하게 깎아서 작은 것을 그릴 때 좋아요.

글씨 쓸 때 가장 많이 쓰는 연필이에요.

부드러워서 스케치북에 스케치할 때 좋아요.

누군가에게 빌린 연필. 이름이 적혀 있는데, 누구인지 기억이 나지 않네요.

미술 시간에 가장 많이 쓰는 연필이에요. 물러서 자주 깎아야 합니다.

연필심의 종류

| H | HB | B | 2B | 4B | 6B |

← 연하고 딱딱하다.   진하고 부드럽다. →

너무 무르고 진하고 번져서 잘 안 써요. 큰 그림 그릴 때 가끔 써요.

20년이 넘은 연필이에요. 초등학교 때 가장 아끼던 거예요. 지금도 왠지 아까워서 못 쓰고 있어요.

몽당연필

끼우개에 끼워 오래 쓸 수 있어요.

순수 흑연 연필. 엄청 부드럽고 무거워요.

명암 넣을 때 좋아요.

미술관에서 산 기념 연필

외국에 다녀온 친구가 선물한 연필

연필 사용법

깎지 않은 연필

마이크 대용

드럼 스틱으로

칼싸움할 때
*따라 하지 마세요.

익스펙토 페트로눔
마법 봉으로

연필로 하는 심리 테스트

접 접
초조한 상태

똑똑해 보이고 싶은 사람

휙휙
생각이 잘 안 날 때

정답 얍!
떼구르르
운명에 맡길 때

육각 연필 각 면에 숫자 1에서 6까지 적고 주사위로 씁니다.

연필 잡는 법

비율 맞추기

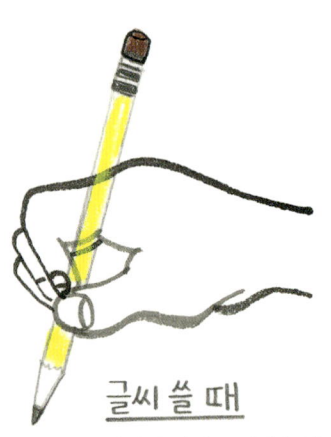
글씨 쓸 때
엄지와 검지로 연필을 잡고 중지로 뒤를 받쳐요.

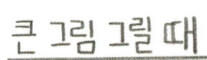
큰 그림 그릴 때
손 전체로 연필을 살짝 쥐고 팔 전체를 흔들며 선을 그려요.

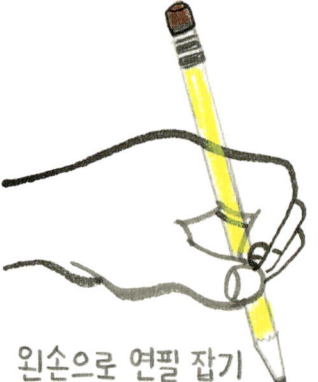
왼손으로 연필 잡기
엄지와 검지로 연필을 잡고 중지로 뒤를 받쳐요.

연필 깎는 방법

1  칼로 깎기

난이도 ☆☆☆
연습해서 익숙해져야 잘 깎을 수 있어요.

⚠️ 손을 조심하시오.

 ▶  ▶

- 연필 가루를 흘릴 종이를 준비해요. 쓰레기통에 대고 깎아도 돼요.
- 오른손에 칼, 왼손에 연필을 잡아요. (왼손을 쓰는 친구는 반대로.)
- 얼마큼 깎을지 정하고 페인트 ⇨ 나무 ⇨ 흑연 순서로 살살 깎아요.

2  휴대용 연필깎이

난이도 ☆☆
들고 다니기 간편해요. 뾰족하게 깎여요. 깎인 연필 껍질이 꽤 예뻐요.

 ▶ 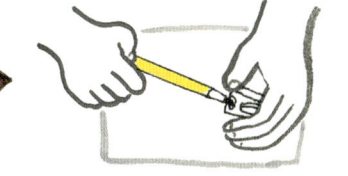 ▶ 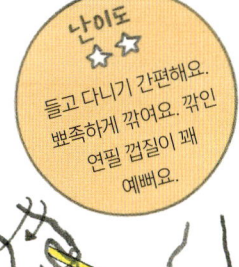 ▶

- 연필 가루를 흘릴 종이를 준비해요. 쓰레기통에 대고 깎아도 돼요.
- 오른손에 연필, 왼손에 연필깎이를 잡아요. (왼손을 쓰는 친구는 반대로.)
- 왼손은 고정하고, 오른쪽 손목을 돌리면서 연필을 돌려요. 중간중간 꺼내어 얼마나 깎였나 확인해요.

3  기차 연필깎이

난이도 ☆
익숙해지면 쉬워서 텔레비전 보면서도 깎을 수 있어요.

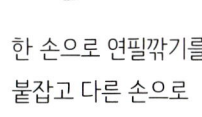 ▶  ▶

- 한 손으로 연필깎이를 붙잡고 다른 손으로 앞면을 잡아당겨요.
- 더듬이 부분을 맞잡으면 앞면 구멍이 열려요. 연필을 집어넣어요.
- 손잡이를 돌리면 요란한 소리를 내며 연필이 깎여요.
- 앞면이 완전히 들어갔을 때 더듬이 부분을 다시 맞잡아 구멍을 열고 연필을 꺼내면 완성.

나의 필통

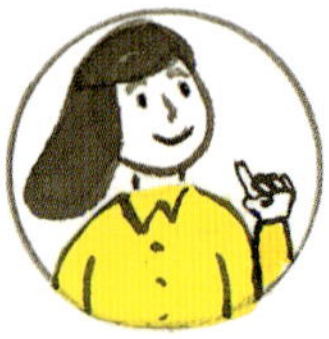

제일 좋아하는 필기도구 열 개를 비닐 지퍼백에 넣은 것이 기본 필통이에요.
그때그때 필요한 다른 도구들을 더 넣거나 빼요.

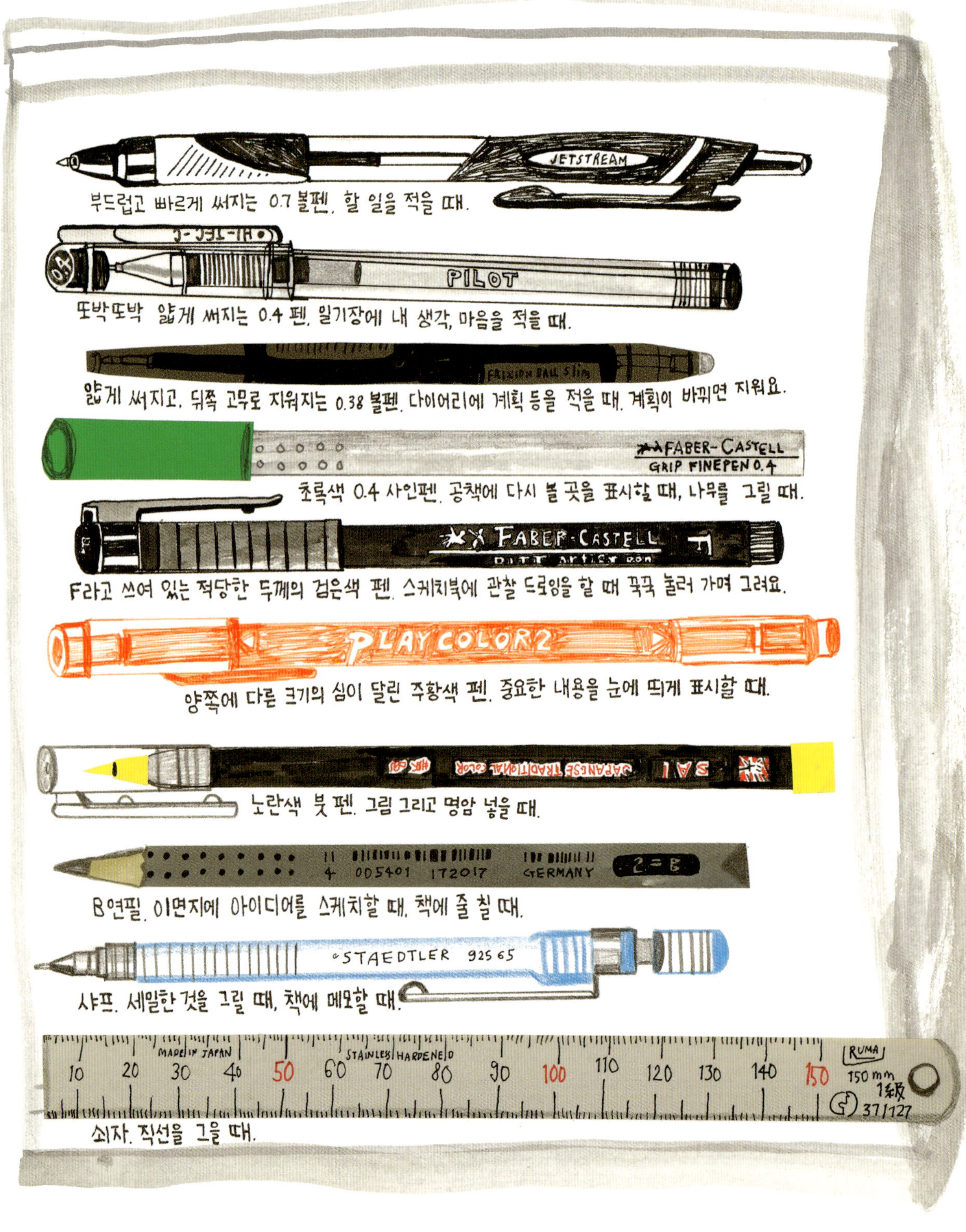

JETSTREAM
부드럽고 빠르게 써지는 0.7 볼펜. 할 일을 적을 때.
PILOT
또박또박 얇게 써지는 0.4 펜. 일기장에 내 생각, 마음을 적을 때.
FRIXION BALL Slim
얇게 써지고, 뒤쪽 고무로 지워지는 0.38 볼펜. 다이어리에 계획 등을 적을 때. 계획이 바뀌면 지워요.
FABER-CASTELL
GRIP FINEPEN 0.4
초록색 0.4 사인펜. 공책에 다시 볼 곳을 표시할 때, 나무를 그릴 때.
FABER-CASTELL
F라고 쓰여 있는 적당한 두께의 검은색 펜. 스케치북에 관찰 드로잉을 할 때 꾹꾹 눌러 가며 그려요.
PLAY COLOR 2
양쪽에 다른 크기의 심이 달린 주황색 펜. 중요한 내용을 눈에 띄게 표시할 때.
SAI
노란색 붓 펜. 그림 그리고 명암 넣을 때.
GERMANY
2=B
B연필. 이면지에 아이디어를 스케치할 때. 책에 줄 칠 때.
STAEDTLER 925 65
샤프. 세밀한 것을 그릴 때, 책에 메모할 때.
MADE IN JAPAN
STAINLESS HARDENED
10 20 30 40 50 60 70 80 90 100 110 120 130 140 150
RUMA
150 mm
쇠자. 직선을 그을 때.

제일 좋아하는 문구는 샤프처럼 생긴 지우개.
누르면 지우개가 나와서 지우는 재미가 있어요.

예서의 필통

제일 좋아하는 문구는 삼색 볼펜.
세 가지 색이 같이 있어서 쓰기 좋아요.

현빈이의 필통

지우개

내 지우개 통에는 지우개가 여러 개 있어요. 한꺼번에 쓰면서 비슷한 점, 다른 점을 느껴 보았어요. 부드러운 것, 딱딱한 것, 넓적한 것, 뾰족한 것, 조각난 것에 따라서 지워지는 느낌, 면적, 지우개 가루의 양이 달라요. 여러분은 어떤 지우개를 가지고 있나요?

부드럽게 지워지지만, 가루가 많이 나와서 자주 사용하지 않아요.

지운 부위에 가루가 뭉쳐 있어요. 새 지우개여서인지 뾰족한 부분으로 깨끗하게 지워져요.

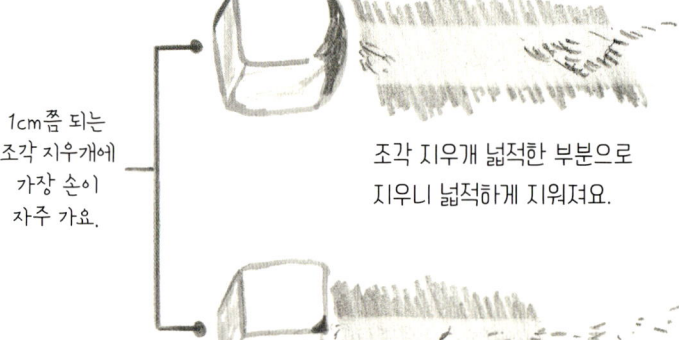

1cm쯤 되는 조각 지우개에 가장 손이 자주 가요.

조각 지우개 넓적한 부분으로 지우니 넓적하게 지워져요.

뾰족한 모서리로 지우니 가늘게 지워져요.

아주 부드럽게 지워져요.

작은 조각 지우개

조각난 모양대로 지워져요.

문방구에 갔다가 사 두었던 새 지우개 두 개

새 지우개라 뾰족 부분으로 가늘게 지울 수 있어요.

넓적한 부분으로 지우니 지우개가 금방 검게 되었어요. 아까워라.

지우개 사용법

지우개로는 틀리게 적은 것이나 실수로 적은 것을 지울 수 있어요. 그리고 진짜루 진짜 싫어하는 것들을 지울 수 있어요. 없어졌으면 하는 것을 적은 다음 지워 보세요.

숙제, 왕따, 주사, 약, 감기, 지각, 사슴, 나누기, 양파, 시금치, 당근, 발냄새, 바퀴벌레, 바보, 욕, 짜증, 미움

참! 반대로 생각해 보세요.
연필을 칠하고,
그 위에 지우개로
그림을 그릴 수도 있답니다.

 주의 연필과 지우개로 한참 놀면 새끼손가락 주변이 시커메져요.

지우개 따먹기

번갈아 한 번씩 지우개를 움직여서 자기 지우개를 상대방 지우개 위로 올리면 이겨요!
이긴 사람은 상대방의 지우개를 가져요.

지우개 도장 만들기

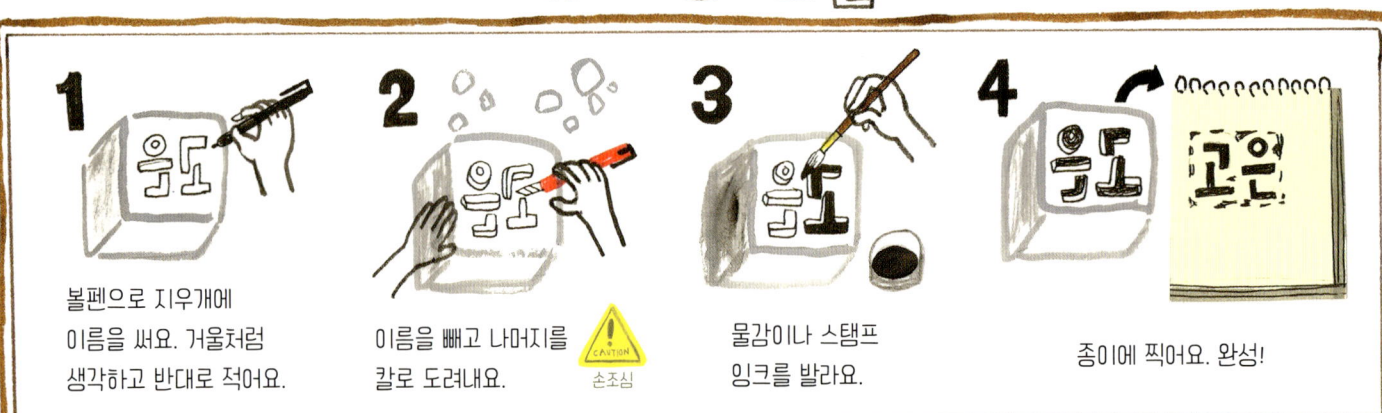

1. 볼펜으로 지우개에 이름을 써요. 거울처럼 생각하고 반대로 적어요.
2. 이름을 빼고 나머지를 칼로 도려내요. ⚠️ 손조심
3. 물감이나 스탬프 잉크를 발라요.
4. 종이에 찍어요. 완성!

화이트라 불리는 볼펜 지우개

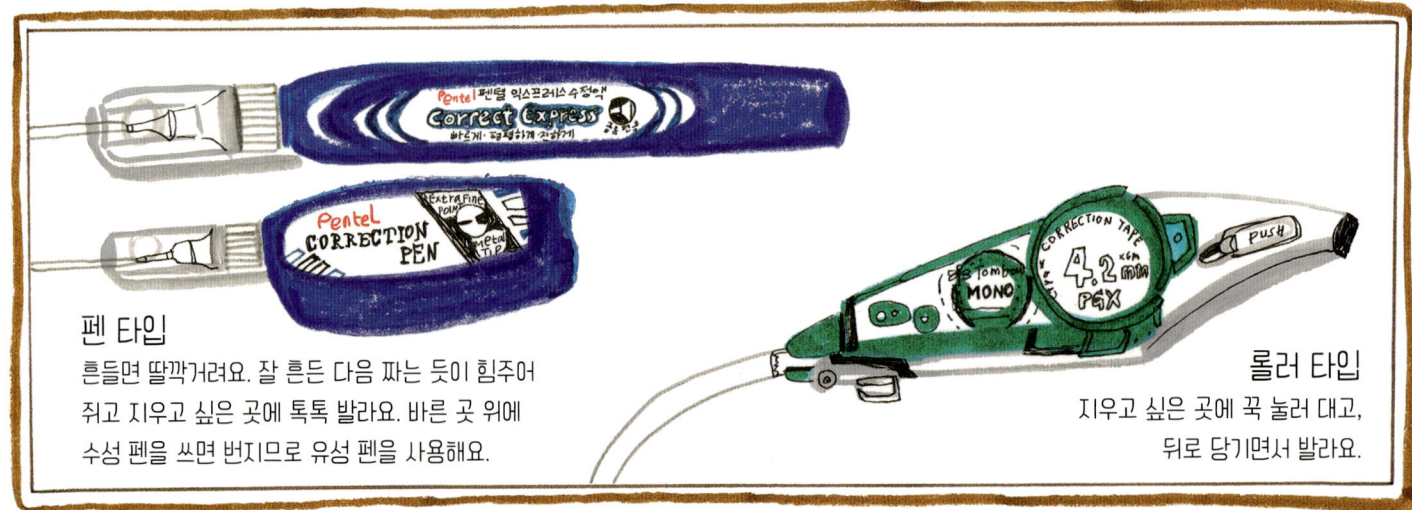

펜 타입
흔들면 딸깍거려요. 잘 흔든 다음 짜는 듯이 힘주어 쥐고 지우고 싶은 곳에 톡톡 발라요. 바른 곳 위에 수성 펜을 쓰면 번지므로 유성 펜을 사용해요.

롤러 타입
지우고 싶은 곳에 꾹 눌러 대고, 뒤로 당기면서 발라요.

지우개 가루 정리법

지우개는 쓰면 작아져요. 작아지면서 없어지는 게 아니고 가루가 돼요.
자신의 몸으로 내 실수를 지우는 지우개가 참 고마워요.
어떻게 이 고마운 가루들을 정리할까요?

여러 가지 지우개를 써 봤지만 결국 이 지우개가 제일 좋아요. 제일 잘 지워지거든요.

선물받은 무당 벌레 지우개 가루 청소기예요. 윙 소리를 내며 지우개 가루를 치워 줘요.

캐러멜 지우개가 제일 좋아요. 잘 지워지고 가루도 잘 뭉쳐지고, 가끔 친구한테 진짜 캐러멜이라고 속이는 장난을 칠 수 있어요.

지우개 가루 치우는 법

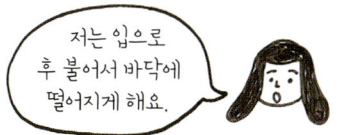

저는 입으로 후 불어서 바닥에 떨어지게 해요.

책상용 빗자루로 쓸기

휴지로 모아 버리기

모아서 쌓아 두기

코딱지처럼 동글동글 말아 놓기

나중에 청소하지 뭐, 하고 바닥에 그냥 버리기

종이를 손가락으로 치며 가루 떨어트리기

NOTE BOOK

공책

공책은 비어 있는 책이라는 뜻이에요. 내가 내용을
채울 수 있어요. 마음에 드는 공책을 골라 봅시다.
오늘 있었던 이야기로, 친구에게 보내는 편지로,
내가 처음 지어 본 시로, 내가 작성해 본 기사로,
새로 알게 된 영어 단어로, 계산할 숫자로, 귀여운 그림으로,
내일 할 일로, 아니면 아무 의미 없는 낙서들로 채워 봐요.

이름을 적어 두면
공책을 잃어버려도
찾을 수 있어요.

| 학교 | 학년 | 반 | 번 | 이름 |

공책의 종류

그림일기: 모아 두었다가 나중에 보면 추억의 보물 1호가 됩니다.

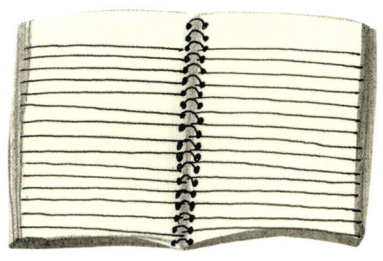
스프링 공책: 잘 펼쳐져서 쓰기 편해요. 독서 노트로 쓰기 좋아요.

스케치북: 종이도 두껍고 줄이 없어서 그림 그리기 좋아요.

기자 수첩: 기자가 될 수도 있으니 기사를 쓰는 연습을 해요.

다이어리: 오늘 무얼 했는지도 적을 수 있고, 계획을 적을 수도 있어요. 이번 달 계획, 이번 주 계획, 오늘 계획을 적어 봐요. 친구 생일도 적어요.

빈 공책: 비어 있으니 내 맘대로 써요. 만화를 그려 볼까요?

노트 패드: 얇은 종이로 되어 있어요. 급한 메모, 적으면서 외울 때 쓰면 좋아요.

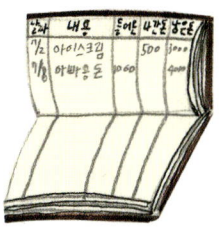
용돈 기입장: 들어온 돈, 나간 돈, 합계를 적어 둡니다.

카드링 공책: 단어 외울 때, 게임할 때 좋아요.

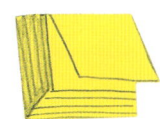
포스트잇: 붙였다 떼었다 할 수 있어요. 메모 남길 때 좋아요.

줄 수첩: 그때그때 기억하고 싶은 걸 적으면 좋아요.

격자 노트: 오목 둘 때 최고예요.

비밀 수첩: 비밀이에요.

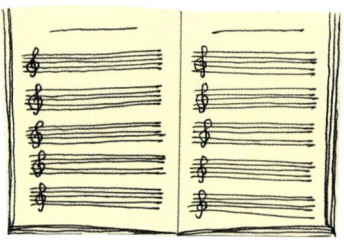
음악 공책: 5선과 높은음자리표가 그려져 있어요. 악보를 그려 넣을 수 있어요.

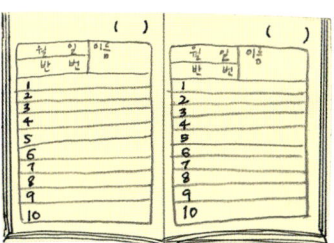
받아쓰기 공책: 1부터 10까지 빈칸이 있어요. 틀릴까 봐 아직도 두근거려요.

영어 공책: 알파벳 쓰기를 연습하도록 4선이 그려져 있어요.

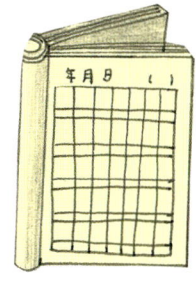
한문 공책: 한문 쓰기를 연습하도록 네모 칸들이 그려져 있어요.

돼지 문구에서 산 공책 세 권

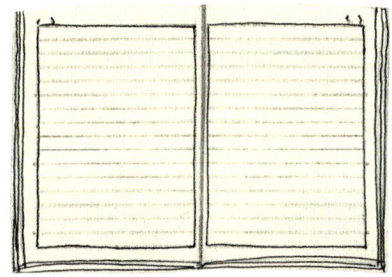
초등학교 1~2학년 공책: 15줄, 16장

초등학교 3~6학년 공책: 22줄, 16장

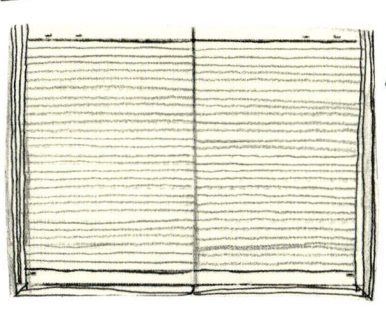
중고등학교 공책: 27줄, 24장

공책 쓰는 법

글씨 잘 쓰는 법

바른 자세로 앉기. 등을 곧게 펴고 엉덩이는 등받이에 닿도록 깊숙이 앉아요. 그리고 한 손으로 공책을 잡고 다른 손으로 연필을 잡고 또박또박 씁니다.

엎드려서 글씨를 쓰면 글줄이 차츰 위로 올라가요. 줄이 있는 공책을 쓰면 바르게 쓰는 데 도움이 돼요.

잘 깎은 부드러운 연필, 좋아하는 펜으로 연습해요.

공책을 바로 놓고 활짝 펼쳐요.

친구야! 힘 내!

안녕? 잘 지냈니? 보고 싶다.
어느 날 밤에 도깨비가 으스스스스~

감정을 글씨에 담아서 써 봅니다.
어울리는 문구를 사용하면 더 재미있어요.

다이어리 꾸미기

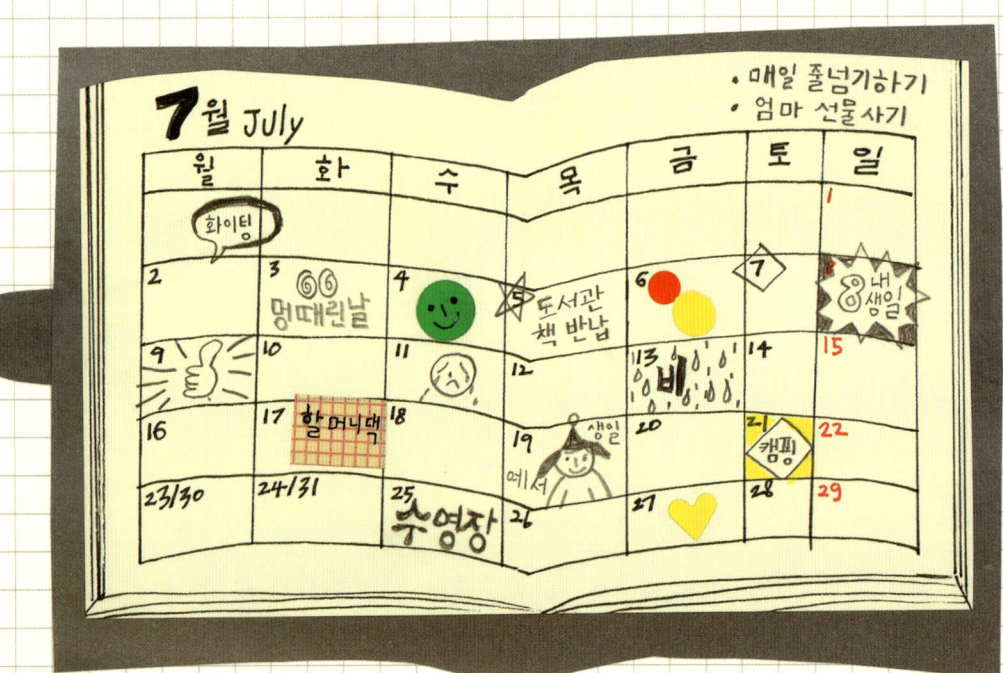

1. 숫자를 다양한 모양으로 적으면 재미있어요.

   ①②3456789

2. 감정이나 표정을 그려요.

   ☺ ☹ 😐 👍 😮 ?!

3. 말풍선, 중요 표시를 달아도 좋아요.

4. 스티커, 마스킹 테이프를 붙여요.

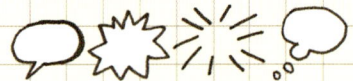

나만의 공책 사용법

재미없는 수학 공책 구석에 만화 그리기. 공책을 차르르 넘기면 그림이 움직이도록 그려요.

잡지나 신문에서 마음에 드는 글씨와 그림을 잘라서 표지를 꾸며요.

공책 자르기

공책이 꼭 네모일 필요는 없지요. 얼굴 모양, 빵 모양, 꽃 모양으로 잘라서 사용해 봐요.

⚠️ 주의 수업 시간에 쓰는 공책에 하면 선생님한테 꾸중 들을 수 있어요.

종이 한 장으로 공책 만들어 보기

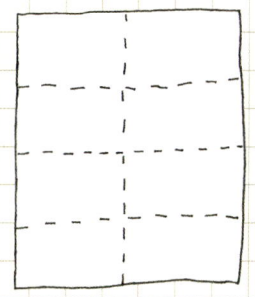

1 A3 종이를 점선 모양으로 접었다가 펴요.

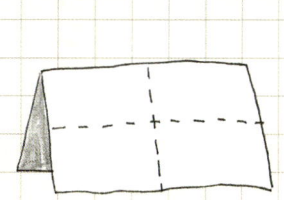

2 종이를 반으로 접어요.

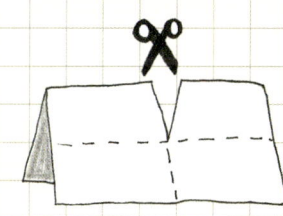

3 점선을 따라 가운데만 잘라요.

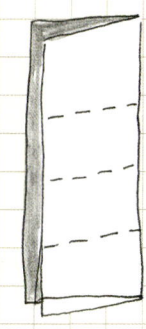

4 종이를 펴서 세로로 반을 접어요.

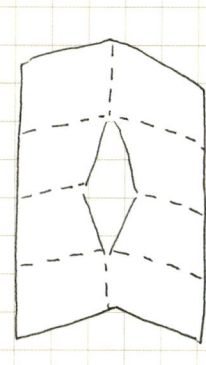

5 가운데 잘린 구멍을 벌려요.

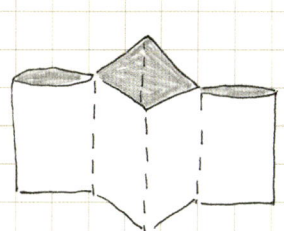

6 벌리면서 그림처럼 접어요.

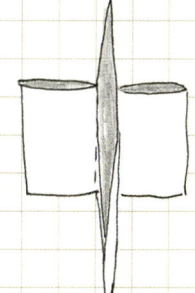

7 벌어진 부분을 납작하게 고정시키면서 접어요.

8 책 모양으로 접으면

9 6쪽짜리 공책 완성!

만화책 만들어야지 ♪

종이

사람들은 수없이 많은 종이를 써요. 신문, 책, 광고지 같은 종이로 정보를 전달하고, 공책, 편지지에 기록하고, 종이컵, 우유 팩, 케이크 상자, 쇼핑백으로 포장해요. 이 종이들이 그냥 쓰레기통으로 가면 너무 아까워요. 어떻게 하면 오래 쓸까, 처음부터 적게 쓸 수는 없을까 생각해 봐요.

창문 닦기, 유리 닦기

지갑 속의 소중한 종이들

종이 영수증, 꼭 필요할까요?

과자 포장 박스는 좀 작아도 될 것 같아요.

우유 팩의 변신

달력 뒷면에는 그림 그리기

A0 종이를 4번 자른 것이 A4 종이예요.

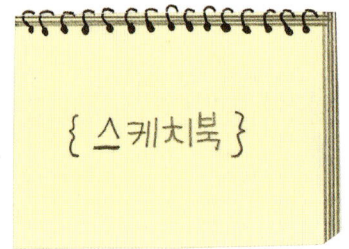

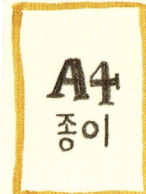

다 읽은 책 선물하기

쓰다 만 공책을 끝까지 쓰는 방법은?

얇은 빵 봉투는 서걱거리는 느낌이 왠지 좋아요.

장바구니를 쓰고, 되도록 가게에서 받지 않기

음... 편지지는 많이 써도 좋은 것 같아요.

액세서리 통 만들기, 인형 집 만들기

사진을 붙여서 탁상 액자로 쓰기

상자만 봐도 침이 나오는 상자

① 다음에 택배 보낼 때 다시 쓰기
② 고양이 집 만들어 주기

① 종이컵에 이름 적어 두고 쓴 것 한 번 더 쓰기
② 일회용 물건들로 재미있는 것 만들기

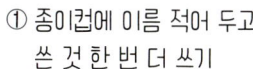

예쁜 포스터는 포장지로 활용하면 특별해 보여요.

[콜라주: 가위로 그리는 그림]
그림은 꼭 연필로만 그리는 것이 아니에요. 다양한 종이들을 모아 두었다가 잘라서 작품을 만들 수 있어요.

잡다한 것을 보관하면 좋아요.

포장지

A4 종이로 할 수 있는 것들

가장 자주 만나는 종이는 A4 종이일 거예요. 쓰기 편해서일까요?
가로는 210mm, 세로 297mm 크기입니다. A4 종이로 무엇을 할 수 있을까요?
어른들이 쓰던 이면지를 이용해 봅시다. 이면지를 쓰면 잘 그리거나
잘 써야 한다는 부담이 적어서 더 재미있는 결과물이 나오곤 해요.

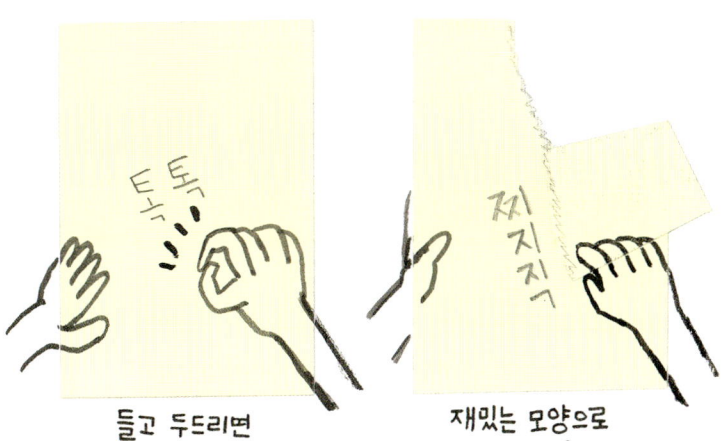

들고 두드리면 소리가 나요.

재밌는 모양으로 찢어 봐요.

구겨 버릴 수도 있지요. 납작한 종이가 입체가 돼요. 이걸로 제기차기도 할 수 있어요.

종이비행기를 접어 보세요.

동물 얼굴을 그려서 내 얼굴을 가려 보기

동그라미에 얼굴 그려 보기

종이 아래 물건 두고 연필로 흔적 남겨 보기

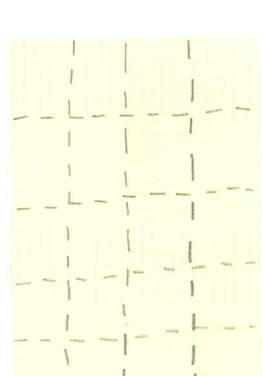

꼭꼭 접었다가 활짝 펴기

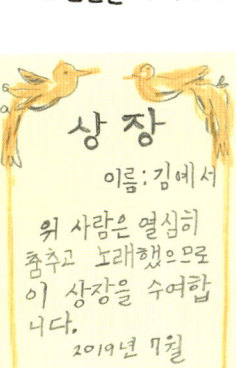

나에게 상장을 쓰기

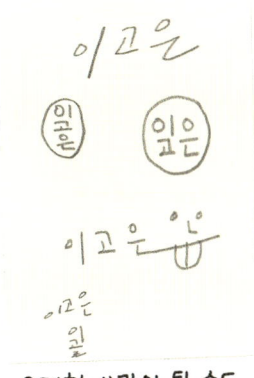

유명한 사람이 될 수도 있으니 사인 만들어 보기

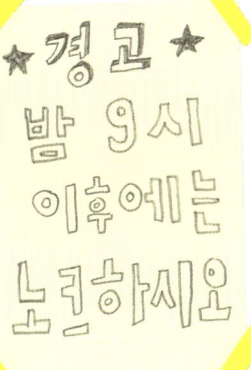

내 방문 앞에 붙일 문구 만들기

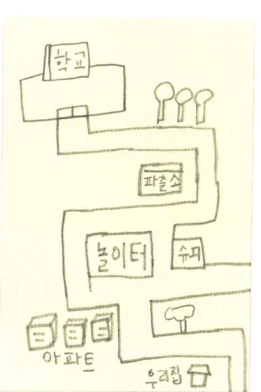

학교에서 집에 오는 길 지도 그려 보기

그냥 동그라미 그려 보기

마구 찢어서 찢어진 조각에 괴물 그리기

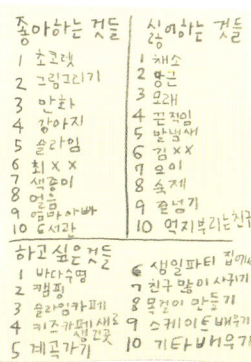

무엇이든 10개 써 보기

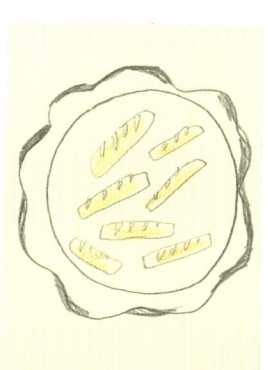

접시를 그려서 과자 먹기

문구

문구는 우리가 책상 위에서 하려는 일에 도움을 줘요.
선을 똑바로 그으려면 자가 필요해요. 완벽한 원을 그리려면
컴퍼스가 필요하고요, 종이를 자르려면 가위나 칼이 필요하지요.
문구 사용법을 알아보아요.

[직선을 긋는 방법]

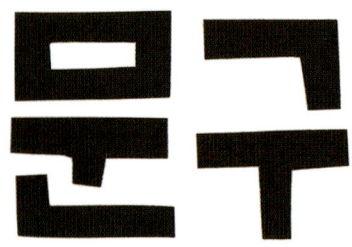
1 한 손에 자, 다른 손에 연필을 잡아요. 연필을 자에 기댄 채로 위에서 아래로 그어요.

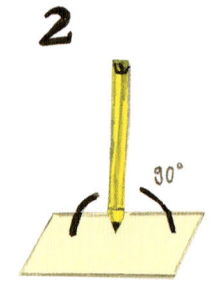
2 연필을 옆으로 기울이지 말고 똑바로 잡아요.

3 자가 없을 때는 책, 공책을 이용하여 그어요.

4 그것도 없다면 그냥 그어 봐요. 완전한 직선은 아니지만 매력 있는 선이 나와요.

[동그라미를 그리는 방법]

1 컴퍼스에 연필을 꽂은 뒤 원하는 크기의 반만큼 두 다리를 벌려요. 뾰족한 부분을 종이에 꾹 누르고 꼭지를 돌려서 원을 그려요.

2 모양자를 이용하면 쉽고 빠르게 원을 그릴 수 있어요.

3 병뚜껑, 화장품 통 같은 걸 대고 따라 그려요.

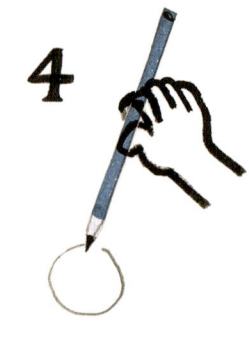
4 그냥 그려 봐요. 완벽한 동그라미는 아니지만 매력 있는 동그라미가 나와요.

[자르는 방법]

커팅 매트, 쇠자, 칼, 이 세 가지가 있으면 쉽고 안전하게 직선으로 자를 수 있어요. 커팅 매트는 책상에 칼자국이 나지 않게 해 줘요. 칼로 자를 때는 칼을 옆으로 기울이지 말고 똑바로 그어야 해요.

가위로 그림을 그린다고 생각하면서 오려요. 여러 종이를 겹쳐서 자르면 한 번에 여러 개를 만들 수 있어요.

⚠️ 망치면 한꺼번에 여러 개를 망쳐요.

[붙이는 방법]

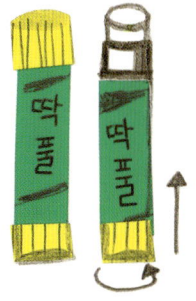
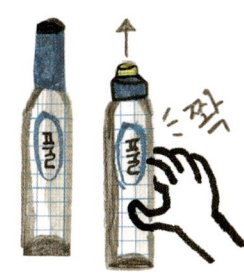

딱풀 접착력 ✦✦✦
몸통을 돌려서 고체 풀을 위로 올린 뒤 종이에 문질러 붙여요. 깔끔하게 붙어요. 뚜껑을 오래 열어 두면 굳어서 못 쓰게 돼요.

물풀 접착력 ✦✦✦
몸통을 눌러 짜서 종이에 문질러 붙여요. 작은 종잇조각을 붙일 때 좋아요. 넓은 면에 칠하면 종이가 울기 쉬워요.

스프레이 접착제
75 접착력 ✦ 77 접착력 ✦✦✦✦✦
종이를 가장 깔끔하게 붙여요. 스프레이 타입이라 풀이 코나 입에 들어가지 않도록 마스크를 쓰는 게 좋아요.

빨간 투명 테이프 접착력 ✦✦✦
테이프를 붙여도 붙인 면이 가려지지 않아요. 찢어진 책 표지를 붙일 때 좋아요.

초록 불투명 테이프 접착력 ✦✦
붙였다 떼었을 때 깨끗하게 떨어지는 편이에요. 테이프 위에 글씨를 쓸 수 있어요.

파랑 불투명 테이프 접착력 ✦
포스트잇처럼 임시로 붙이는 타입이에요. 콜라주할 때 그림 위치를 표시해 두면 좋아요.

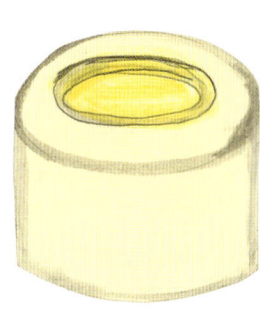
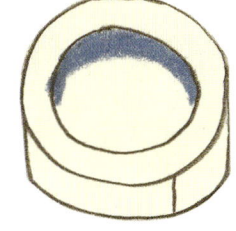
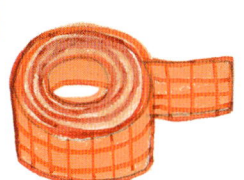

마스킹 테이프 접착력 ✦✦
물감이 묻지 않아야 하는 부분에 붙이고, 작업한 후 떼어 내요.

양면테이프 접착력 ✦✦✦
테이프 양쪽에 다 접착제가 묻어 있어요. 겉으로 테이프가 보이지 않게 종이를 붙일 수 있어요. 접착력이 뛰어나서 입체나 두꺼운 종이를 붙일 수 있어요.

색 마스킹 테이프 접착력 ✦✦
카드, 포장지에 사용하면 예뻐요.

[남는 종이를 모아 두는 방법]

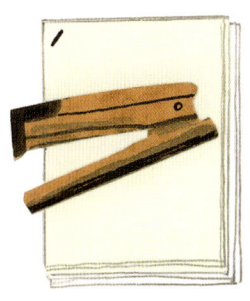  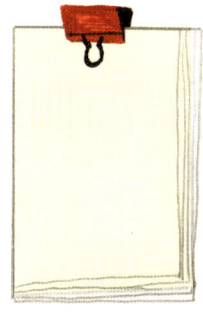 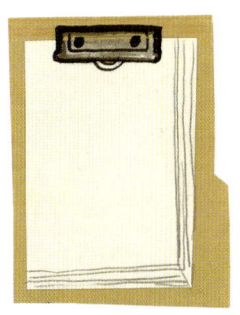 

스테이플러로 찍기   클립으로 묶기   문구 집게로 묶으면 더 많이 모을 수 있어요.   쇠 홀더로 묶기   비닐 홀더에 끼우기

나의 작업 도구 정리법

내 작업 도구들이에요. 모두 한눈에 보이도록 진열해서 그림을 그리다가 필요할 때 바로 찾아 쓸 수 있어요. 그런데 다 꺼내 놓으니 먼지가 자꾸 쌓여서 청소를 자주 해야 합니다.

어린이 문구 정리법

여러분 책상과 서랍도 직접 정리해 보세요.
그냥 깨끗이 청소하는 게 아니라 문구들의 주인이 되어서 제자리를 찾아 주세요.
그리고 좋아해 주고, 자주 사용해 주세요.

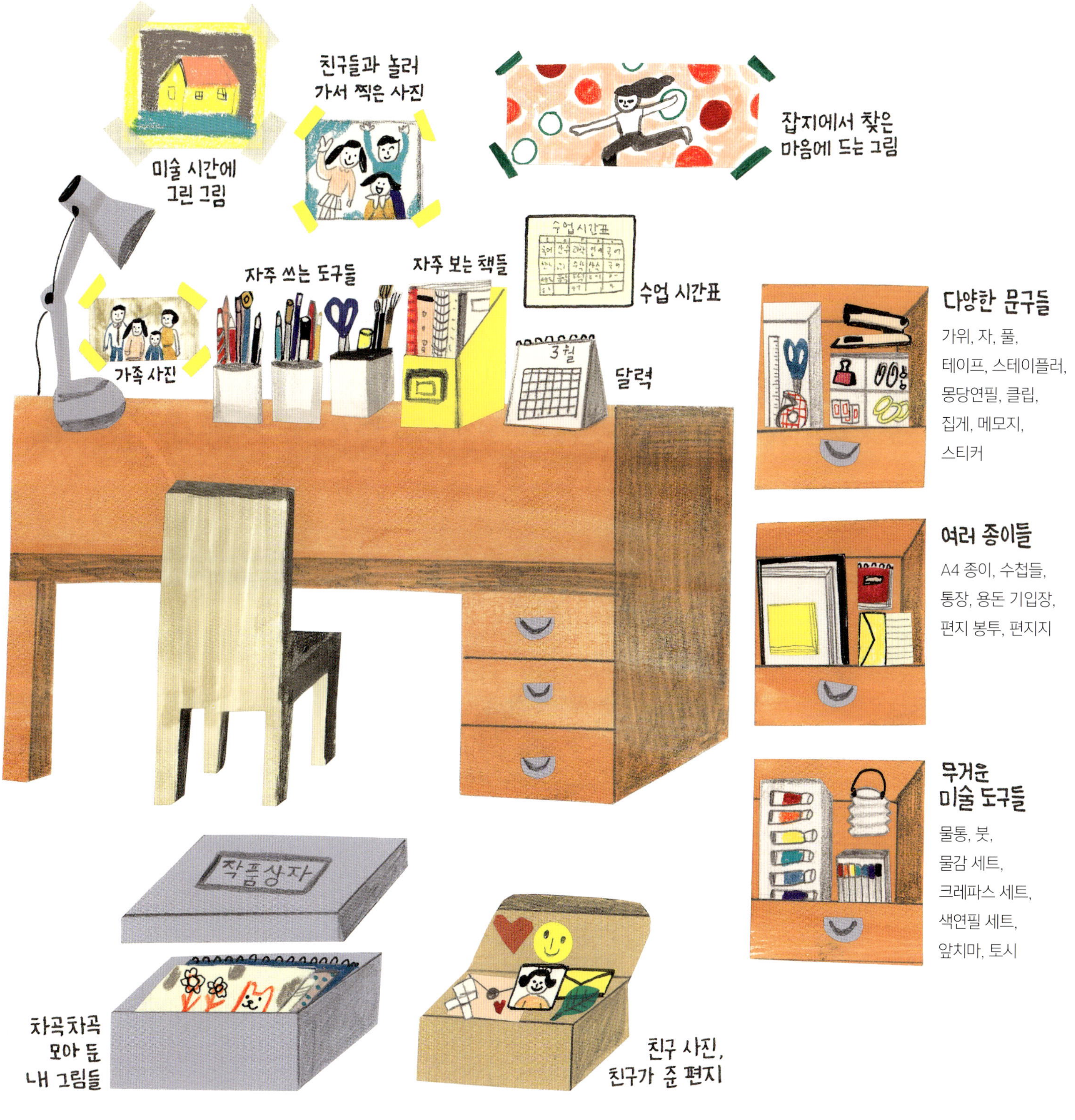

미술 시간에 그린 그림
친구들과 놀러 가서 찍은 사진
잡지에서 찾은 마음에 드는 그림
자주 쓰는 도구들
자주 보는 책들
수업 시간표
수업 시간표
3월
달력
가족 사진
다양한 문구들
가위, 자, 풀, 테이프, 스테이플러, 몽당연필, 클립, 집게, 메모지, 스티커
여러 종이들
A4 종이, 수첩들, 통장, 용돈 기입장, 편지 봉투, 편지지
무거운 미술 도구들
물통, 붓, 물감 세트, 크레파스 세트, 색연필 세트, 앞치마, 토시
작품상자
차곡차곡 모아 둔 내 그림들
친구 사진, 친구가 준 편지

 문구 사용 주의 사항

1 환경 Environment

이면지와 오래된 공책

테이프로 헌책 수선하기

몽당연필 끼우개

버리기 전에
뒷면을 쓸 수 있을지,
무엇을 만들 수 있을지
한번 생각해 봐요.

2 건강 Health

책상에 한 자세로 오래 앉아
있지 말고, 40분마다 일어나서
기지개를 펴고 창밖을 바라봐요.

3 안전 Safety

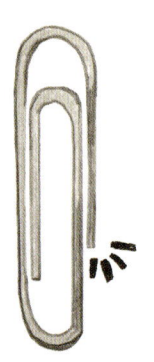

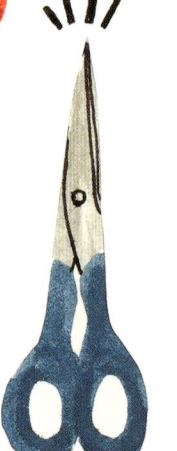

뾰족하거나 날카로운
문구를 사용할 때는
자신이나 친구가 다치지
않도록 조심해요.

문구와의 만남과 헤어짐

1 만나기

문방구에 가면
꼭 필요한 물건인지,
꼭 갖고 싶은 물건인지
생각해 보고 사요.

2 빌려주기

"연필 좀 빌려줘." 하는
친구에게 빌려줄 때는
선물이라 생각하고 빌려줘요.
돌려받지 못해도 속상하지
않게요.

3 헤어지기

안 나오는 볼펜들, 못 쓰게 된
문구들이 서랍에 생기곤 해요.
"그동안 고마웠다." 하고
인사한 뒤 보내 줘요.

책상에서 딴짓하기